Así vivimos
los animales

LIBSA

© 2022, Editorial LIBSA
C/ Puerto de Navacerrada, 88
Polígono Industrial Las Nieves
28935 Móstoles (Madrid)
Tel.: (34) 91 657 25 80
e-mail: libsa@libsa.es
www.libsa.es

Textos: Ángel Luis León Panal
Ilustración: Archivo editorial Libsa • Getty Images • Shutterstock
Images

ISBN: 978-84-662-4145-8

DL: M-7040-2022

CONTENIDO

NIDOS

Las aves son increíbles arquitectas capaces de usar ramas, barro o incluso telarañas para hacer sus nidos. Utilizan estas ingeniosas construcciones para incubar sus huevos y criar a sus polluelos.

GOLONDRINA

Las **golondrinas comunes** (*Hirundo rustica*) son famosas por sus curiosos nidos que ¡construyen con barro! Pero también usan otros materiales como hierba seca o plumas.

TEJEDOR REPUBLICANO

El **tejedor republicano** (*Philetairus socius*) es un ave africana que fabrica grandes nidos comunitarios en las partes altas de los árboles. ¡Allí pueden vivir más de cien parejas!

PICOLORO DEL YANGTSÉ

El **picoloro del Yangtsé** (*Paradoxornis heudei*) es una pequeña ave asiática. La mamá fabrica durante 6-7 días un nido con ramitas donde pondrá los huevos y crecerán sus crías.

PINGÜINO EMPERADOR

El **pingüino emperador** (*Aptenodytes forsteri*) no necesita nidos porque ¡el cuerpo de sus papás es su propio nido! Mientras mamá busca comida en el mar, papá protege el huevo entre sus patas para darle calor.

ZORZAL COMÚN

El **zorzal común** (*Turdus philomelos*) utiliza barro y hierba seca para reforzar sus nidos y que así sean más resistentes. ¡Sus huevos son de color azul brillante!

Nuestro nido pesa unos...

¡250 kg!
(e incluso más)

CIGÜEÑA

Durante la primavera y el verano, las **cigüeñas blancas** (*Ciconia ciconia*) viven en pareja para cuidar a sus polluelos. Hacen sus nidos con ramas y palos en la parte alta de los árboles o en los tejados de los edificios. ¡Su hogar puede medir cerca de 2 m de diámetro! Cuando las crías son mayores, toda la familia abandona el nido para migrar a otras regiones. Los padres regresarán al año siguiente al mismo nido, donde criarán una nueva generación.

CUCO COMÚN

El **cuco común** (*Cuculus canorus*) no cuida de sus crías. En su lugar, la madre pone los huevos en los nidos de otras aves ¡para que ellas se encarguen de su polluelo!

COLIBRÍ

Los **colibríes** hacen pequeños nidos cuyo interior cubren con musgo, algodón o incluso telarañas. El colibrí **zunzuncito** (*Mellisuga helenae*) es el ave más pequeña del mundo. Las hembras de esta especie ponen dos huevos ¡del tamaño de un grano de café!

PÁJARO MOSCÓN DEL CABO

El **pájaro moscón del Cabo** (*Anthoscopus minutus*) hace sus increíbles nidos colgantes con fibras vegetales suaves, algodón o telarañas. Prefiere la parte alta de árboles espinosos. ¡El nido tiene varias entradas falsas para confundir a los depredadores!

CUERVO

Gracias a su gran habilidad, el **cuervo** (*Corvus corax*) usa raíces, barro y cortezas que mantienen unidas las ramitas de su nido. Para que el interior de su hogar sea más agradable, ¡lo recubre con pelo de ciervo!

ACENTOR COMÚN

La hembra del **acentor común** (*Prunella modularis*) pone entre tres y cinco huevos azules. Para fabricar su nido utiliza ramitas, musgo, lana o incluso plumas.

ÁGUILA CALVA

El **águila calva** (*Haliaeetus leucocephalus*) es el ave que construye el nido más grande de América del Norte. ¡Su hogar puede medir 2,5 m de ancho y 4 m de altura!

OROPÉNDOLA DE BALTIMORE

Las hembras de **oropéndola de Baltimore** (*Icterus galbula*) son las encargadas de hacer el nido. Utiliza restos vegetales que teje con mucho esmero.

Mi nido es el más grande del mundo

FAISÁN AUSTRALIANO

Durante el invierno, el macho de **faisán australiano** (*Leipoa ocellata*) trabaja limpiando y raspando con las patas una zona del suelo de 3 m de ancho y casi 1 m de profundidad. Cuando llega la primavera, hace un montículo con palos, hojas y cortezas donde la hembra pondrá los huevos. ¡Cuánto trabajo!

TRONCOS DE ÁRBOL

Los árboles ofrecen a los animales un lugar donde vivir para estar a salvo de los depredadores y encontrar comida. Muchas especies tienen adaptaciones que les ayudan a pasar la mayor parte del tiempo entre las ramas.

IGUANA VERDE

Las **iguanas verdes** (*Iguana iguana*) son animales arborícolas que viven la mayor parte del tiempo en la copa de los árboles. ¡Gracias a su larga cola y fuertes garras evitan caer desde tan alto!

ARDILLA

Las **ardillas** son roedores que podemos encontrar en muchos bosques del mundo. Durante el día buscan comida entre las ramas de los árboles. Cuando encuentran semillas o frutos secos, los esconden en los huecos de troncos o los entierran en el suelo. ¡Volverán a buscarlos en invierno!

RANA VERDE DE OJOS ROJOS

La **rana verde de ojos rojos** (*Agalychnis callidryas*) es una especie de anfibio arborícola. ¡En sus pies tiene almohadillas adhesivas para trepar por hojas y ramas! Pone sus huevos bajo las hojas que se encuentran encima de ríos o lagos.

PÁJARO CARPINTERO

Los **pájaros carpinteros** son famosos por construir sus nidos ¡en el tronco de los árboles! Utilizan trocitos de madera para hacer que su hogar sea más cómodo. Cuando perforan el hueco, trabajan en pareja y pueden tardar un mes en terminarlo.

ESCORPIÓN

Cuando una rama o tronco cae al suelo, algunos animales terrestres como los **escorpiones** también los utilizan para esconderse.

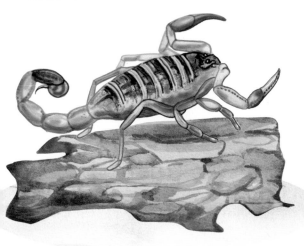

MAPACHE

Gracias a sus hábiles manos, los **mapaches** (*Procyon lotor*) pueden trepar a los árboles para alimentarse o dormir en lugares seguros.

BÚHO

Los **búhos** son aves rapaces nocturnas. Se posan en las ramas desde donde vigilan el terreno y detectan a sus presas. También utilizan los huecos de los troncos para buscar refugio o criar a sus polluelos.

¡Todos buscamos protección!

9

RAMAS, DE ÁRBOL

Básicamente, es imposible poner en números cuántos animales viven en los árboles y cómo estos les sirven de refugio y provisión al mismo tiempo.

AVES

Cuando llega la hora de dormir, muchas **aves** buscan refugio entre las ramas de los árboles más altos. ¡Allí duermen de pie!

KOALA

Las garras del **koala** (*Phascolarctos cinereus*) están adaptadas para trepar a los árboles. Son animales arborícolas que rara vez descienden al suelo. ¡Su alimento favorito son las hojas de eucalipto!

PANDA ROJO

Durante el día, el **panda rojo** (*Ailurus fulgens*) pasa el tiempo descansando sobre las ramas altas de los árboles o los huecos de troncos. Prefiere buscar comida por la noche o al amanecer. Son animales muy habilidosos y acrobáticos que se alimentan sobre todo de bambú.

PEREZOSO

Los **perezosos** prefieren vivir en la parte alta de los árboles donde se alimentan de hojas. Tienen unas uñas muy largas que les permiten agarrarse a las ramas. ¡Solo bajan al suelo cuando tienen que ir al baño!

ORANGUTÁN

Los **orangutanes** viven en los enormes árboles de las selvas del sudeste asiático. Cuando quieren descansar, construyen nidos uniendo diferentes ramas para formar la base. Después utilizan ramitas y hojas como si fueran un colchón. ¡Así podrán dormir a gran altura a salvo de los depredadores!

Los bebés del orangután viajan siempre con sus madres. Ellas cargan con ellos para moverse entre los árboles del bosque. Los pequeños solo treparán por las ramas a partir de los dos años. Y necesitan desarrollar sus destrezas como escaladores porque pasan casi toda su vida a 30 m sobre el suelo.

Los orangutanes somos los SIMIOS que más tiempo pasamos en los árboles

MADRIGUERAS

Existen muchos tipos de animales que construyen madrigueras bajo tierra. Son unos lugares excelentes para sentirse protegidos, descansar o criar a sus bebés.

MARMOTA

TOPO

Las patas del **topo europeo** (*Talpa europaea*) están adaptadas para excavar galerías bajo el suelo. Gracias a una red de túneles vive a salvo de los depredadores y encuentra su comida favorita, ¡las lombrices!

Las **marmotas** (*Marmota marmota*) pasan el invierno en madrigueras que construyen bajo tierra. Si algún depredador trata de sorprenderlas, pueden huir por ¡una red de túneles que les lleva a una salida secreta!

SURICATA

La **suricata** (*Suricata suricatta*) es una especie que vive en el sur de África. ¡Tiene una gran habilidad para cavar túneles y madrigueras!, donde pueden vivir familias de hasta 40 ejemplares.

OSO POLAR

Las mamás de **osos polares** (*Ursus maritimus*) excavan una madriguera en la nieve durante el invierno para buscar protección y dar a luz a sus crías. Mientras alimenta a sus hijos con leche, ella no necesitará comer nada gracias a la grasa acumulada.

Vivimos bajo tierra

CONEJO

Los **conejos** (*Oryctolagus cuniculus*) son famosos por cavar madrigueras con múltiples túneles. Prefieren construir su hogar en zonas con suelos arenosos y blandos, que además tengan abundantes matorrales. ¡Así estarán a salvo de los depredadores y dormirán tranquilamente!

Las madrigueras de los conejos se llaman **conejeras**. En estos lugares pueden vivir entre seis y diez ejemplares, tanto machos como hembras.

Cuando un conejo detecta algún peligro, se queda inmóvil para no llamar la atención y aprovecha cualquier instante para huir al refugio.

13

ARMADILLO ROSA

El **armadillo rosado** o **pichiciego** (*Chlamyphorus truncatus*) es un peculiar animal que habita en algunas regiones de Argentina. Gracias a sus poderosas y largas garras cava para atrapar ¡un variado buffet de insectos!

ARAÑAS

Algunas **arañas**, como la especie *Atypus affinis*, están adaptadas para ocultarse bajo tierra de una curiosa forma. Son capaces de hacer un agujero en forma de tubo que recubren de telaraña y que ocultan con hojas secas. Desde su escondite ¡tan solo tienen que atrapar los insectos que pasen cerca!

ESCARABAJO PELOTERO

Después de transportar las bolas de excrementos, los **escarabajos peloteros** las entierran en unas galerías subterráneas donde ponen sus huevos. ¡El estiércol es la comida de sus crías!

LOMBRIZ

Las **lombrices de tierra** son unos animales invertebrados que pertenecen al grupo de los anélidos. Viven bajo tierra en pequeñas y largas galerías.

¿Quién vive aquí debajo?

ZORRO ROJO

El **zorro rojo** (*Vulpes vulpes*) es un depredador silencioso que sale a cazar por la noche. El resto del día, se encuentra oculto en la madriguera o entre la vegetación.

TEJÓN

Como muchas otras especies del bosque, el **tejón** (*Meles meles*) es un animal que prefiere buscar comida por la noche. Le gusta vivir en grupos de dos a 12 ejemplares. Juntos construyen unas madrigueras conocidas como **tejoneras**.

COLMENAS

Las abejas de la miel (*Apis mellifera*) viven en grandes nidos dirigidos por una abeja reina. ¡En una sola colmena puede haber entre 15 000 y 80 000 ejemplares!

CELDAS HEXAGONALES

Las colmenas están hechas con ¡muchísimas celdas hexagonales! Son como pequeñas habitaciones donde crecen las larvas o guardan la miel.

LARVA

MIEL

CICLO DE VIDA DE LA ABEJA

OBRERAS

Todas las **obreras** de abeja son hembras. Son las encargadas de construir la colmena, limpiar, dar de comer a las larvas y recolectar la comida.

o NIDOS para grandes familias

Muchas especies de avispas viven en colonias numerosas que están dirigidas por una única avispa reina.

CÓMO CONSTRUYEN EL NIDO

La **avispa reina** es la encargada de iniciar la construcción del nido. Para hacer este trabajo, buscará plantas secas o incluso madera que desmenuza con sus mandíbulas y mezcla con saliva. De esta forma, hace una pasta que irá moldeando para hacer las celdillas de su nuevo hogar. Cuando esté lista, pondrá en cada celdilla un huevo del que nacerán las futuras avispas. ¡Ellas le ayudarán en todas las tareas para lograr que la colmena sea más grande!

AVISPA PAPELERA

La **avispa del papel europea** (*Polistes dominula*) es conocida por hacer nidos con un material parecido al papel. ¡Le dan forma con sus mandíbulas!

AVISPA MADRIGUERA

También existen especies de **avispas solitarias.** Estos animales cavan madrigueras en la arena o la tierra donde esconden los insectos que cazan. ¡Estas presas serán la comida de sus larvas!

HORMIGUEROS

Las hormigas son unos fascinantes insectos que viven en grandes y muy organizadas colonias. ¡Los hormigueros son como pequeñas ciudades!

OBRERA

Las **hormigas obreras** son todas hembras. Se encargan del mantenimiento del hormiguero. ¡Es mucho trabajo!

REINA

Después de fundar el hormiguero, la **reina** será atendida por las obreras. Ellas le ayudarán a cuidar de los huevos y las larvas.

ZÁNGANO

Los **zánganos** son hormigas macho. Al igual que las reinas jóvenes, tienen alas y solo salen del hormiguero durante el vuelo nupcial para buscar una pareja con la cual fundar otro hormiguero.

Los huevos reposan todos juntos.

La reina es la madre de todas las hormigas del hormiguero.

Esta es la habitación de la reina.

vivimos en laberintos
bajo tierra

LAS MÁS FUERTES

Las hormigas se encuentran entre los animales más fuertes del mundo. Gracias a sus poderosas mandíbulas e increíble fuerza logran cargar comida hacia el hormiguero o sacar arena, piedras y basura de las galerías. Las **hormigas constructoras de montículos de Allegheny** (*Formica exsectoides*) ¡pueden levantar hasta 5 000 veces su propio peso corporal!

Pupas

Las obreras cargan la comida y hacen los túneles.

Larvas

Las larvas mejor alimentadas se convierten en reinas.

Huevos

TERMITEROS

Al igual que las abejas, avispas y hormigas, las termitas son un grupo de insectos que viven en colonias multitudinarias. Se alimentan de restos vegetales como hojas secas o madera.

LA COLONIA

Algunas especies de **termitas** construyen colonias hechas con arena y arcilla. ¡Parece un edificio con mucho ajetreo! Los nidos de las **Macrotermes** pueden medir hasta 9 m de altura. En África se encontró el más grande de todos: ¡tenía 12 m de alto!

OBRERA

Las **termitas obreras** pueden ser machos o hembras. Son ciegas en casi todas las especies, pero eso no les impide encargarse de las tareas para el mantenimiento de la colonia.

REINA

¡Las **reinas de las termitas** son enormes! Tienen un gran abdomen para producir muchísimos huevos.

SOLDADO

Las **termitas soldado** pueden reconocerse por sus cabezas grandes y armadas con unas poderosas mandíbulas.

OSO HORMIGUERO

El **oso hormiguero gigante** (*Myrmecophaga tridactyla*) cuenta con una larga lengua para comer hormigas y termitas. Esta lengua tiene miles de pequeños ganchos, saliva pegajosa y ¡mide cerca de 60 cm de largo!

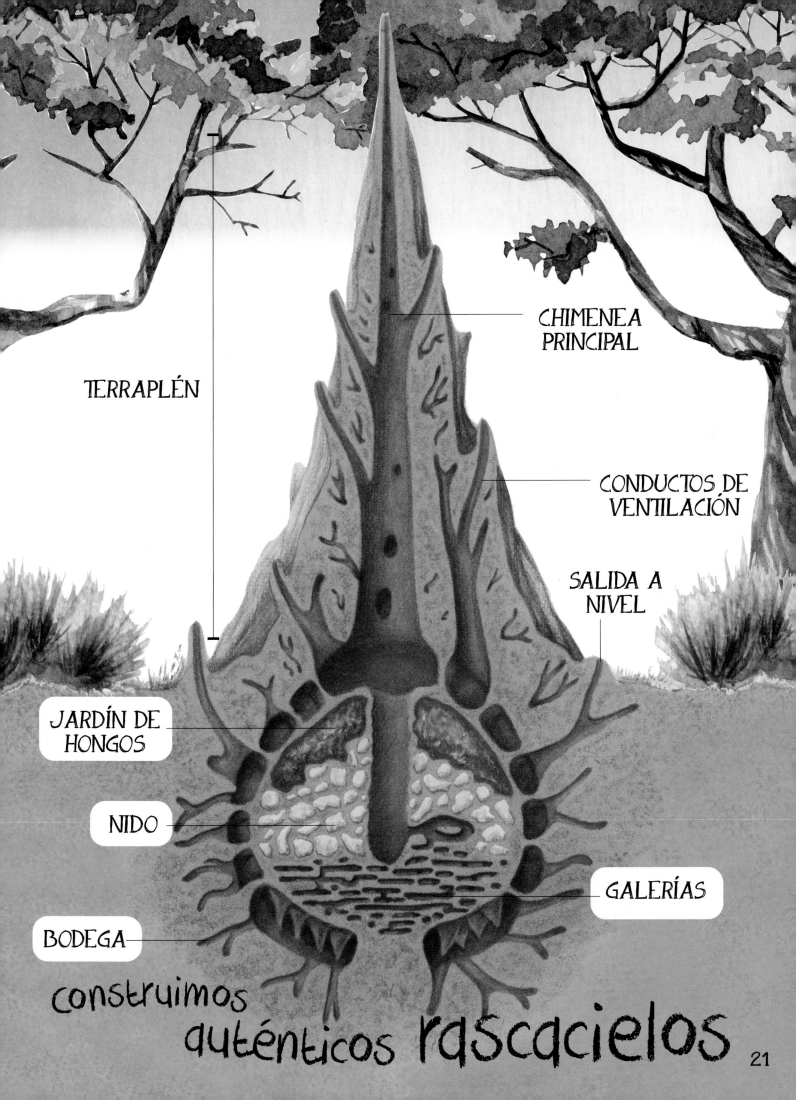

CHIMENEA
PRINCIPAL

TERRAPLÉN

CONDUCTOS DE
VENTILACIÓN

SALIDA A
NIVEL

JARDÍN DE
HONGOS

NIDO

GALERÍAS

BODEGA

construimos
auténticos rascacielos

ENTERRADOS EN LA ARENA

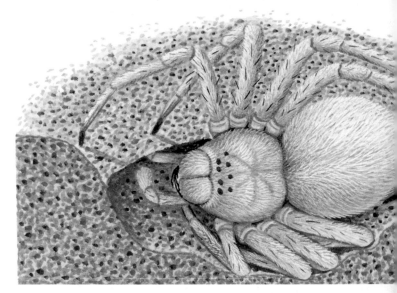

Los entornos arenosos, como los desiertos o el fondo marino, ofrecen a multitud de animales un lugar para refugiarse u ocultarse para cazar.

ARAÑA ACRÓBATA

La **araña flic-flac** o **acróbata** (*Cebrennus rechenbergi*) es una especie que podemos encontrar en los desiertos de Marruecos. Hace madrigueras bajo la arena para evitar el calor del día. Cuando camina por las dunas usa una forma especial de locomoción: ¡dar volteretas!

GUSANOS DE ARENA

Los **gusanos de arena** (*Arenicola marina*) son un tipo de anélidos que viven en algunas playas de Europa y América del Norte. Tienen un cuerpo muy largo que puede medir hasta los 30 cm. Construyen madrigueras en forma de **J** en la orilla. Pasan el día filtrando arena que luego desechan en el exterior creando pequeños montículos de barro.

RATA CANGURO DEL DESIERTO

La **rata canguro del desierto** (*Dipodomys deserti*) es un pequeño roedor que habita en el suroeste de América del Norte. Duerme en madrigueras construidas en montículos de tierra, donde se siente protegida y a salvo del calor.

LENGUADO

El **lenguado** (*Solea solea*) es un pez que habita en el fondo marino. Gracias a su cuerpo plano y marrón, puede ocultarse en la arena. Cuando encuentra un sitio seguro, usa sus aletas para enterrarse y solo deja al descubierto sus ojos para estar atento a cualquier peligro.

PEZ RATA

El **pez rata** (*Uranoscopus scaber*) vive en el mar Mediterráneo y algunas zonas del océano Atlántico. Pasa el día enterrado en el fondo marino desde donde acecha a sus presas. ¡En su boca tiene un señuelo para atraer a pequeños animales!

¡Ocultos bajo la arena pasamos desapercibidos!

TIBURÓN ANGELOTE

El **tiburón angelote** (*Squatina squatina*) es un depredador que caza haciendo emboscadas. Se oculta en la arena del fondo marino por la noche y espera pacientemente a que pase algún pez.

VIVIMOS EN LA
COSTA

Las rocas de la costa ofrecen un lugar seguro donde ocultarse o incluso un sitio para crecer. A pesar de la fuerza de las olas, algunas especies de animales prefieren vivir sobre ellas.

PERCEBES

Los **percebes** (*Pollicipes pollicipes*) son unos extraños crustáceos que habitan aferrados a las rocas. Su cuerpo está protegido por un duro exoesqueleto, y un largo pedúnculo les sirve para agarrarse a ellas.

MORENA

Las **morenas** son peces de cuerpo alargado que habitan entre las rocas del fondo marino. Pero durante la noche se aventuran al exterior para cazar peces, crustáceos y moluscos.

LAPA

La **lapa común** (*Patella vulgata*) es un animal pariente de los caracoles. Su concha tiene forma de cono. Le encanta comer algas que crecen en las rocas y que ¡raspa con sus más de 1 000 dientes!

ANGUILA

Las **anguilas** también son peces que prefieren buscar alimento por la noche. Para evitar a los depredadores, pasan el día ocultas entre las rocas o cuevas submarinas.

ESPONJAS

¿Sabías que las **esponjas marinas** también son animales? Viven sobre las rocas del fondo marino. Como no pueden moverse, tienen que filtrar el agua para alimentarse.

IGUANA MARINA

La **iguana marina** (*Amblyrhynchus cristatus*) es una especie que únicamente podemos encontrar en las islas Galápagos. Se alimenta de algas que crecen cerca de la playa. Algunos ejemplares son capaces de bucear hasta una profundidad de 30 m para encontrar las algas que más les gustan.

GAVIOTA

La mayoría de las **gaviotas** anida en enormes colonias situadas en las playas. Son aves omnívoras que se alimentan de una gran variedad de pequeños animales del mar o la orilla.

PELÍCANO

El **pelícano pardo** (*Pelecanus occidentalis*) habita en ecosistemas marinos donde encuentra muchos tipos de peces para comer. Anida entre las rocas de la costa.

¡Las focas podemos dormir bajo el agua!

FOCA

Las playas o las zonas rocosas de la costa ofrecen un lugar ideal para las **focas**. Estos mamíferos lo utilizan para descansar y cuidar a sus crías en grandes colonias.

25

CON LA CASA A CUESTAS

Caparazones, conchas o corazas sirven a los animales para protegerse de los carnívoros y otros peligros. Muchas de estas especies cargan con unas curiosas casas a sus espaldas.

CARACOL

Los **caracoles** tienen una casa en forma de espiral. Con ellas se sienten protegidos si hay depredadores o cuando el tiempo no es favorable. La especie *Acmella nana* es tan pequeña que ¡su concha cabe en el ojo de una aguja!

ESCARABAJO

¿Sabías que en el mundo existen más de 300 000 especies de **escarabajos**? Estos animales son insectos que pertenecen al grupo de los coleópteros. Cuentan con dos alas endurecidas que funcionan como una coraza para protegerse.

CANGREJO ERMITAÑO

Los **cangrejos ermitaños** buscan conchas de caracoles marinos muertos para usarlas como hogar. A medida que van creciendo, deben buscar otro caparazón que sea de su talla. A veces, pueden llevar una anémona sobre el tejado para defenderse.

MARIQUITA O VAQUITA DE SAN ANTONIO

Son unos escarabajos muy llamativos por su color rojo y traje de lunares, pero existen otras muchas especies de color amarillo, naranja, negro o marrón y adornadas con puntos o líneas.

NAUTILO

El **nautilo** (*Nautilus pompilius*) es un curioso molusco pariente de los pulpos y de hábitos nocturnos. Su caracola cuenta con diversos huecos que llena o vacía de aire para subir o bajar hasta una profundidad de 200 m. Se alimenta de carroña y pequeños peces que encuentra en el fondo del mar.

TORTUGA

Las **tortugas** son famosas por su duro caparazón que les sirve para ocultarse y defenderse de los depredadores. Este caparazón está hecho de hueso. No pueden salir nunca de él porque está unido a la columna vertebral y a las costillas.

¡Si estoy en peligro, me escondo dentro!

CUEVAS

Las cuevas son ambientes extremos donde las especies se enfrentan a bajas temperaturas, alta humedad, oscuridad y escasez de comida. Son tan especiales, que los animales que viven siempre en cuevas reciben el curioso nombre de troglobios, mientras que los troglófilos son aquellos que visitan de forma ocasional las cuevas.

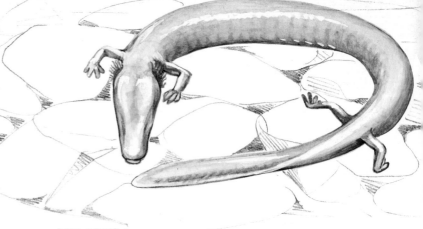

PROTEO

El **proteo** (*Proteus anguinus*) es un extraño anfibio que podemos encontrar en algunas cuevas del centro de Europa. ¡Antiguamente la gente pensaba que eran las crías de los dragones!

ESCOLOPENDRA

Entre los animales troglobios podemos encontrar algunas especies de miriápodos como las **escolopendras**. En estos ambientes, muchos de estos artrópodos pierden su coloración o incluso se vuelven ciegos.

ESCORPIÓN TRIQUIMERA

El **escorpión triquimera** (*Alacran triquimera*) es una curiosa especie troglobia. Es endémica de México, donde vive en cuevas de entre 400 y 600 m de profundidad.

HIENA DE LAS CAVERNAS

No existen mamíferos que vivan únicamente en cuevas. Es decir, son troglófilos. Estos animales las utilizan para buscar refugio durante el día o en épocas determinadas. Esto es lo que hacía la **hiena de las cavernas** (*Crocuta crocuta spelaea*). Esta subespecie de hiena actualmente está extinta y en el pasado habitó Europa y Asia.

MURCIÉLAGO

Muchas especies de **murciélagos** duermen en cuevas durante el día. El **murciélago cola de ratón** (*Tadarida brasiliensis*) habita en grandes colonias en el interior de cuevas. Bracken Cave, en Texas, es la mayor de sus colonias. ¡Allí viven 20 millones de murciélagos!

El sitio perfecto para tener a nuestras crías

ARAÑA

La comida es escasa en el interior de las cuevas. Por eso, las **arañas** se han adaptado a usar pocos recursos. A diferencia de las especies del exterior que tienen muchas crías, las arañas troglobias ponen un solo huevo en cada ocasión.

OSO PARDO

Los **osos pardos** (*Ursus arctos*) pasan los meses de verano a otoño alimentándose para ganar peso. Durante el invierno, buscan refugio en lugares como las cuevas donde hibernan y sobreviven gracias a la grasa acumulada.

A RAS DE SUELO

La mayoría de los animales terrestres vive entre la vegetación que crece en el suelo. Cuando son muy pequeños, buscan refugio entre las piedras. También pueden reunirse en grandes grupos para hacer frente a los depredadores o competidores.

SAPO CORREDOR

El **sapo corredor** (*Epidalea calamita*) es un anfibio que se ha adaptado a la vida en tierra. Es un animal nocturno que prefiere pasar las horas del día escondido en los refugios que construye o bajo troncos y rocas.

PATO

Los **patos**, al igual que otras aves semiacuáticas como los gansos o los cisnes, pasan la mayor parte del tiempo buscando comida en la superficie de ríos y lagos. Construyen sus nidos en el suelo, pero siempre cerca del agua para poder huir si hay depredadores cerca.

BABUINO

Los **babuinos** (*Papio anubis*) son unos primates que prefieren vivir en grandes grupos de entre 15 a 150 ejemplares. Pasan el tiempo en el suelo buscando comida o subidos a los árboles para descansar. Usan diferentes sonidos y gruñidos para comunicarse entre ellos y avisar si han divisado a un depredador.

GORILA

Los **gorilas occidentales** (*Gorilla gorilla*) viven la mayor parte del tiempo en el suelo, donde se alimentan sobre todo de plantas. Forman grupos de hasta 20 individuos con un macho dominante que se diferencia por su espalda de color plateado. Mientras las crías y jóvenes juegan saltando entre las ramas bajas, los adultos descansan y vigilan desde abajo.

CIGARRA DEL FARAÓN

Las **cigarras** son insectos que ponen sus huevos en el interior de la tierra. Después de desarrollarse la larva, emerge del suelo en forma de ninfa y trepa entre la vegetación hasta encontrar un sitio seguro. Allí se transforma en una cigarra adulta con alas. La **cigarra del faraón** (*Magicicada septendecim*) es famosa por pasar 17 años oculta bajo tierra y luego salir a la superficie de forma invasiva.

Unas 360 000 especies de animales vivimos en el suelo

LEÓN

El **león** (*Panthera leo*) es el único felino que vive en grupos, llegando a tener una familia de hasta 30 ejemplares. Gracias al trabajo conjunto de las leonas, son capaces de capturar grandes animales como ñus, cebras y búfalos. Durante la mayor parte del tiempo, se encuentran descansando a la espera de una buena oportunidad para cazar.

DESCANSAMOS DE PIE

En la naturaleza, los animales tienen muy poco tiempo para descansar porque siempre puede haber algún peligro cerca. Por este motivo, muchas especies se han adaptado a dormir de pie.

Los **caballos** (*Equus ferus caballus*) son capaces de tener sueños ligeros mientras están de pie, pero para dormir profundamente deben echarse en el suelo.

Las **cebras** (*Equus quagga*) prefieren comer durante el amanecer o el anochecer para evitar las horas de más calor. Como hacen los caballos, estos animales tienen que dormir de pie para evitar ser sorprendidos por los carnívoros. Solo descansan en el suelo cuando están en grandes grupos y algunos de sus compañeros se mantienen despiertos para vigilar.

En las sabanas africanas las **jirafas** (*Giraffa camelopardalis*) también duermen de pie para huir si hay algún depredador acechando cerca. Pero estos ratos consisten en ¡siestas de apenas 10 minutos! En total, una jirafa descansa unas dos horas al día. Durante sus primeras semanas de vida sí pueden acostarse en tierra. Lo hacen con las piernas plegadas y la cabeza apoyada en la parte posterior de su cuerpo.

CEBRA

BEBÉ JIRAFA

SERPIENTE

No de pie, pero las **serpientes** duermen con los ojos abiertos. Esto es debido a que, al igual que otros reptiles, las serpientes no tienen párpados. Cuando necesitan reposar, estos animales buscan un sitio tranquilo entre la vegetación o las rocas donde ocultarse y enrollar su cuerpo.

FLAMENCO

Cuando reposan, los **flamencos** se apoyan sobre una única pata que van alternando con el tiempo. Esta adaptación les permite cansarse menos y no perder calor corporal.

Los elefantes dormimos solo dos horas al día

ELEFANTE

Debido a su enorme tamaño, los **elefantes** solo se tumban una hora cada tres o cuatro días. Pero deben cambiar constantemente su postura para evitar que el peso dañe sus órganos internos. Por ello, prefieren dormir de pie durante unos minutos. ¡Pueden estar 48 horas sin pegar ojo!

33

DORMIMOS
EN EL AGUA

Dormir en el mar es un gran desafío para muchos animales. Los mamíferos deben tener cuidado de no ahogarse, mientras que los peces necesitan descansar a salvo de los depredadores.

BALLENA

Las **ballenas**, como otros cetáceos, no pueden dormir durante mucho tiempo porque podrían ahogarse. Algunas especies, como los cachalotes, descansan en postura vertical cerca de la superficie del agua.

PECES

Cuando tienen que descansar, algunas especies de **peces** buscan refugio entre las rocas o en el fondo marino donde reposan tranquilamente. Como no tienen párpados, parece que duermen con los ojos abiertos.

TIBURÓN

Los **tiburones** respiran gracias al agua que aspiran por su boca mientras nadan y que pasan por las branquias. Por este motivo, estos animales pueden morir si dejan de moverse. Cuando tienen que descansar, buscan una corriente marina que les mantenga a flote.

DELFÍN

Los **delfines** también son cetáceos, como las ballenas, así que tienen mucho cuidado al descansar para no olvidarse de respirar. El delfín mular (*Tursiops truncatus*) duerme con una de las mitades de su cerebro activa. ¡Así puede estar atento a lo que ocurre cerca de él!

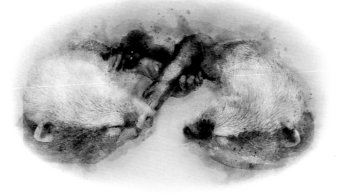

NUTRIA MARINA

Las **nutrias marinas** (*Enhydra lutris*) pasan gran parte del tiempo en el agua buscando alimento. Cuando tienen que reposar, flotan boca arriba en la superficie del agua. Si tienen algún compañero cerca, se agarran de las manos para mantenerse juntas.

MORSA

Las **morsas** (*Odobenus rosmarus*) son unos grandes mamíferos marinos que están adaptados a las frías aguas del Ártico. Cuentan con un saco de aire en la garganta que usan para mantenerse a flote mientras duermen.

¡También nos gusta dormir apiladas!

VIVIMOS EN AGUA
DULCE

A lo largo de la Tierra existen regiones con grandes ríos y lagos o pequeños riachuelos o estanques. En estos ecosistemas vive una multitud de curiosos animales.

HIPOPÓTAMO

Los **hipopótamos** (*Hippopotamus amphibious*) pasan la mayor parte del tiempo en el agua en grandes manadas. Durante la noche, salen a tierra para alimentarse de hierbas.

RANA

La mayoría de las **ranas** y **sapos** necesitan vivir en lugares húmedos o cercanos a ríos y lagos. Cuando son crías, viven en el agua y tienen un aspecto diferente: los renacuajos cuentan con un cuerpo adaptado para nadar bajo el agua.

ARAÑA DE AGUA

La **araña de agua** (*Argyroneta aquatica*) es una especie peculiar que habita bajo el agua de estanques y charcos. ¡Puede bucear gracias a la burbuja de aire que la cubre!

GARZA

Las **garzas** son un tipo de aves que están adaptadas para la vida en zonas con agua. Tienen unas largas patas que les permiten caminar en la orilla sin mojarse las plumas. Gracias a su largo pico y buena visión logran pescar pequeños peces.

MANATÍ

Los **manatíes** son animales que podemos encontrar en ríos grandes y zonas costeras de algunas regiones de América y África. Se alimentan de plantas que crecen en el fondo.

CISNE

El **cisne blanco** (*Cygnus olor*) tiene un largo cuello para alimentarse de las plantas acuáticas que crecen en el fondo de lagos y estanques. También le gusta comer pequeños animales acuáticos.

¡Puedo estar sumergido hasta dos horas!

COCODRILO DEL NILO

El **cocodrilo del Nilo** (*Crocodylus niloticus*) es uno de los reptiles más grandes del mundo. ¡Puede crecer hasta 5 m de largo y pesar cerca de 700 kg! Cuando caza, se esconde bajo el agua en las orillas de los ríos y espera pacientemente a que se acerque a beber alguna presa.

CUBIERTOS DE BARRO

Revolcarse en el barro es un comportamiento muy común entre muchos tipos de animales. Usan el barro para cuidar su piel o pelaje, controlar la temperatura del cuerpo, protegerse del sol, conseguir camuflaje, marcar su territorio o simplemente jugar.

SAPO EXCAVADOR

Los **sapos excavadores** (*Scaphiopus sp*) pasan las épocas de calor enterrados bajo el suelo. Cuando llueve, salen del barro para comer y reproducirse en las charcas.

CANGREJO

A lo largo de la Tierra, existen muchas especies de **cangrejos** adaptadas a la vida en las orillas de las playas. Para evitar a los depredadores, se entierran en el barro o incluso construyen madrigueras en la arena húmeda.

JABALÍ

El **jabalí** (*Sus scrofa*) es famoso por darse baños de barro en las charcas que encuentra en bosques y campos. Esta adaptación le ayuda a regular su temperatura ya que no puede sudar. También usa el barro para acabar con los parásitos de su piel.

CERDO

El **cerdo** (*Sus scrofa domestica*) es un animal pariente del jabalí. Tampoco puede sudar porque no tiene glándulas sudoríparas. El barro también es un excelente remedio para protegerse del sol o los parásitos.

QUEBRANTAHUESOS

El **quebrantahuesos** (*Gypaetus barbatus*) es un ave fabulosa que se alimenta de huesos y restos de carroña. Adorna sus plumas blancas del pecho, patas y cabeza con colores naranjas o rojizos al ¡bañarse en polvo o frotarse con barro!

¡con el barro también evitamos las picaduras de los mosquitos!

HIPOPÓTAMO

Los **hipopótamos** (*Hippopotamus amphibius*) viven siempre en zonas con agua, como ríos o lagos, que solo abandonan por la noche para comer. Durante el día, se sumergen en el agua o se cubren de barro para estar más fresquitos.

39

CAMUFLADOS

CAMALEÓN

La piel de los **camaleones** puede ser de color verde o marrón según si viven entre la vegetación o la hojarasca. Cuando cambian de color, suelen hacerlo para regular la temperatura corporal o comunicarse entre ellos.

MANTIS ORQUÍDEA

El cuerpo de la **mantis orquídea** (*Hymenopus coronatus*) es de color rosa, blanco o amarillo para esconderse entre las flores. Gracias a este camuflaje sorprende a los insectos que visitan las flores.

En el reino animal existen numerosos ejemplos de especies expertas en camuflarse o que lucen elaborados disfraces. Gracias a esta adaptación, logran pasar desapercibidos de los depredadores o se ocultan para acechar a sus presas.

SALTAMONTES HOJA

También existen muchas especies de insectos que se camuflan haciéndose pasar por hojas. Este disfraz es tan eficaz que ¡incluso copian los nervios de las hojas o sus bordes!

INSECTO PALO

Los **insectos palo** son unos maestros del disfraz. Su cuerpo simula ser una ramita de tonos marrones o verdes que se mece entre las plantas.

BÚHO

Los **búhos** son aves rapaces que cazan por la noche. Gracias al camuflaje de sus plumas, su buena visión, su excelente oído y unas alas que no hacen ruido, logran sorprender a sus presas.

ZORRO POLAR

El **zorro ártico o polar** (*Vulpes lagopus*) cuenta con un pelaje blanco y abrigado para aguantar el duro invierno. Este aspecto les ayuda a esconderse entre la nieve. Durante el verano, su pelo se vuelve de un tono gris para vivir entre los matorrales.

¡Mi color blanco me camufla ante mis presas!

OSO POLAR

El **oso polar** (*Ursus maritimus*) es el mayor depredador terrestre del Ártico. Encuentra a sus presas usando su excelente olfato. Su camuflaje blanco es una adaptación para vivir en zonas heladas. En realidad, sus pelos no son blancos, sino translúcidos como el hielo. ¡Por eso tiene el mismo color que la nieve!

NUESTRA VIDA SOLITARIA

Algunos animales viven en grandes territorios donde no toleran la presencia de otros individuos de su especie. Tan solo buscarán compañía en momentos excepcionales.

ORNITORRINCO

Los **ornitorrincos** (*Ornithorhynchus anatinus*) son unos extraños mamíferos endémicos de Australia. Son animales nocturnos, semiacuáticos y solitarios aunque a veces viven en pareja. A diferencia de la mayoría de los mamíferos, ¡esta especie pone huevos pero también alimenta a sus crías con leche!

¡Para nosotros, la vida sin compañía es **perfecta**!

OSOS

Los **osos** son animales de gran tamaño que prefieren tener poca compañía. Durante la época de reproducción, pueden vivir un tiempo en pareja o bajo el cuidado de sus madres. Algunas especies se reúnen en grupo cuando el alimento es abundante.

OSO PANDA

OSO PARDO

TIGRE

El **tigre** (*Panthera tigris*) es el mayor felino que existe en la Tierra. A diferencia de los leones, esta especie prefiere gestionar grandes territorios de selvas, bosques o sabanas de forma solitaria. Cuando buscan pareja, viven un tiempo juntos pero luego continúan por separado.

RINOCERONTE

Todas las especies de **rinocerontes** son animales solitarios. De pequeños, viven con su madre hasta que se valen por sí mismos. Sin embargo, en algunas ocasiones el **rinoceronte blanco** (*Ceratotherium simum*) puede reunirse en grupos de hasta cinco o siete ejemplares.

LEOPARDO

El **leopardo** (*Panthera pardus*) es un esquivo depredador que podemos encontrar en gran parte de África, regiones de Asia y Oriente Medio. Es un felino solitario, motivo por el que prefiere cazar en emboscadas donde se acerca sigilosamente a las presas. Solo viven en grupo cuando son pequeños o buscan pareja.

JUNTOS ES MEJOR

En la naturaleza, existen animales que viven en manadas. Esta estrategia les ayuda a hacer frente a distintos peligros.

ÑU

Al **ñu** (*Connochaetes taurinus*) le gusta vivir en compañía de muchos ejemplares de su especie. Para comer y descansar, se reúne en rebaños de más de 200 animales.

GACELA DE THOMSON

La **gacela de Thomson** (*Eudorcas thomsonii*) vive en rebaños numerosos. Cuando una compañera detecta algún peligro, ¡todas salen corriendo y saltando!

PINGÜINO

El **pingüino emperador** (*Aptenodytes forsteri*) crea grandes colonias en la Antártida donde cría a sus polluelos. Para defenderse del frío y mantener el calor corporal, se reúnen en grupos de incluso cientos de individuos.

LOBO

Los **lobos** (*Canis lupus*) necesitan a su familia para sobrevivir. Las manadas pueden estar compuestas por cinco u once individuos que son liderados por una pareja. Pasan parte del día rastreando presas dentro de su territorio o controlando que no entren intrusos.

Cuando cazan, necesitan del apoyo de la manada para capturar grandes presas.

¡Juntos conseguimos presas de mayor tamaño!

CASAS
INGENIOSAS Y RARAS

En el mundo animal encontramos verdaderos arquitectos que hacen casas increíbles. Estos lugares les servirán como refugio, descanso o guarida para sus crías.

TRICÓPTERO

Las larvas de los **tricópteros** viven en el agua en una curiosa casa. Estas larvas fabrican un tipo de seda que usan para hacer un estuche en forma de tubo. Con la ayuda de la seda, pegan a su hogar granos de arena o restos vegetales que les sirven de camuflaje.

MOCHUELO DE MADRIGUERA

El **mochuelo de madriguera** (*Athene cunicularia*) excava galerías bajo tierra donde pone sus huevos y crecen a resguardo sus crías.

WOMBAT

El **wombat** (*Vombatus ursinus*) es un solitario marsupial que vive en Australia. Con ayuda de sus patas y dientes, crea una compleja madriguera con múltiples entradas.

La casa del **wombat** es una madriguera, con muchos túneles y cámaras para dormir. Algunos túneles pueden alcanzar hasta 200 m de longitud.

ARAÑA TRAMPERA

Algunos tipos de **arañas** construyen madrigueras en el suelo. La puerta de su casa es una tapadera realizada con seda que está recubierta de tierra y hojas. Por la noche, espera escondida bajo la tapa a que caiga algún pequeño insecto.

PERGOLERO

El macho de **pergolero satinado** (*Ptilonorhynchus violaceus*) es un hábil y meticuloso diseñador de su hogar. Para atraer a las hembras, construye en el suelo un nido con largas ramitas y lo decora con objetos azules como bayas, flores o ¡incluso cosas hechas con plástico de color azul!

CASTOR

Los **castores americanos** (*Castor canadensis*) son unos increíbles arquitectos. Usan ramas, piedras y barro para construir presas en ríos y lagos. Gracias a este ingenio, su casa está rodeada de agua y solo se puede acceder a ella buceando.

¡Somos auténticos ingenieros!

ÍNDICE de animales